PLANETA ANIMAL

EL LEÓN MARINO

POR KATE RIGGS

CREATIVE EDUCATION · CREATIVE PAPERBACKS

Publicado por Creative Education
y Creative Paperbacks
P.O. Box 227, Mankato, Minnesota 56002
Creative Education y Creative Paperbacks son marcas
editoriales de The Creative Company
www.thecreativecompany.us

Diseño de The Design Lab
Producción de Chelsey Luther, Mike Sellner, y Rachel
Klimpel
Editado de Alissa Thielges
Dirección de arte de Rita Marshall
Traducción de TRAVOD, www.travod.com

Fotografías de Alamy (AM Stock, Cultura Creative RF,
Nature Picture Library, Reinhard Dirscherl), Dreamstime
(Erin Donalson, Jinfeng Zhang), Getty (MyLoupe), iStock
(GlobalP), Shutterstock (Eric Isselee, Joost van Uffelen,
stockshotportfolio, Teri Virbickis), Superstock (Minden
Pictures, NHPA)

Library of Congress Cataloging-in-Publication Data
Names: Riggs, Kate, author.
Title: El león marino / by Kate Riggs.
Other titles: Sea lions. Spanish
Description: Mankato, Minnesota: Creative Education and
Creative Paperbacks, [2023] I Series: Planeta animal
I Includes index. I Audience: Ages 6–9 I Audience:
Grades 2–3
Identifiers: LCCN 2021061048 (print) I LCCN
2021061049 (ebook) I ISBN 9781640266803 (library
binding) I ISBN 9781682772362 (paperback) I ISBN
9781640008212 (ebook)
Subjects: LCSH: Sea lions—Juvenile literature.
Classification: LCC QL737.P63 R54518 2023 I DDC
599.79/75–dc23/eng/20211223
LC record available at https://lccn.loc.gov/2021061048
LC ebook record available at https://lccn.loc.
gov/2021061049

Tabla de contenido

Cuando no están nadando, los leones marinos se asolean sobre las rocas.

El león marino es un **mamífero** que tiene aletas en lugar de patas. Existen seis tipos de leones marinos. Nadan en los **océanos**. La mayoría de los leones marinos llevan el nombre del lugar donde viven.

mamífero animal que tiene pelo o pelaje, y que alimenta a sus crías con leche

océanos grandes áreas de agua profunda y salada

Los leones marinos tienen cuerpos largos que son buenos para nadar. Tienen una piel y un pelaje gruesos. Algunos leones marinos parecen focas verdaderas. Las focas verdaderas tienen pequeños hoyos en su cabeza, en lugar de orejas. Pero los leones marinos sí tienen orejas.

La mayoría de los leones marinos viven en océanos cálidos.

Los leones marinos más grandes pueden medir 11 pies (3,4 m) de largo. Pesan entre 2.000 y 2.500 libras (907 a 1.134 kg). Los leones marinos más chicos pesan unas 1.000 libras (454 kg).

El león marino de Steller, en Alaska, es el león marino más grande.

LOS leones marinos son animales oceánicos. Viven principalmente en las aguas poco profundas del Océano Pacífico. Pero salen a la costa para calentarse bajo los rayos del sol.

Los leones marinos descansan en playas arenosas.

Los peces forman gran parte de la dieta del león marino.

Los leones marinos comen carne. Se alimentan de peces, calamares, aves marinas y otros animales oceánicos. Los leones marinos cazan dentro del agua. Son nadadores veloces. Usan sus dientes afilados para atrapar a su **presa**.

presa animales que otros animales matan y comen

*A la playa donde nacen
los leones marinos se le
llama colonia.*

Una leona marina madre da a luz a una sola **cría**. Las madres y sus crías viven juntas en la playa. Las crías del león marino tienen un pelaje café oscuro o negro. Toman leche de su madre. Las crías aprenden a atrapar peces cuando tienen dos meses de edad.

cría un león marino bebé

En tierra, los leones marinos viven en grupos llamados colonias. Los leones marinos se comunican entre sí haciendo clics, chirridos, gemidos y ladridos. Los leones marinos pueden vivir entre 20 y 30 años.

Los leones marinos les dicen a los otros dónde hay comida, y se avisan cuando hay peligro.

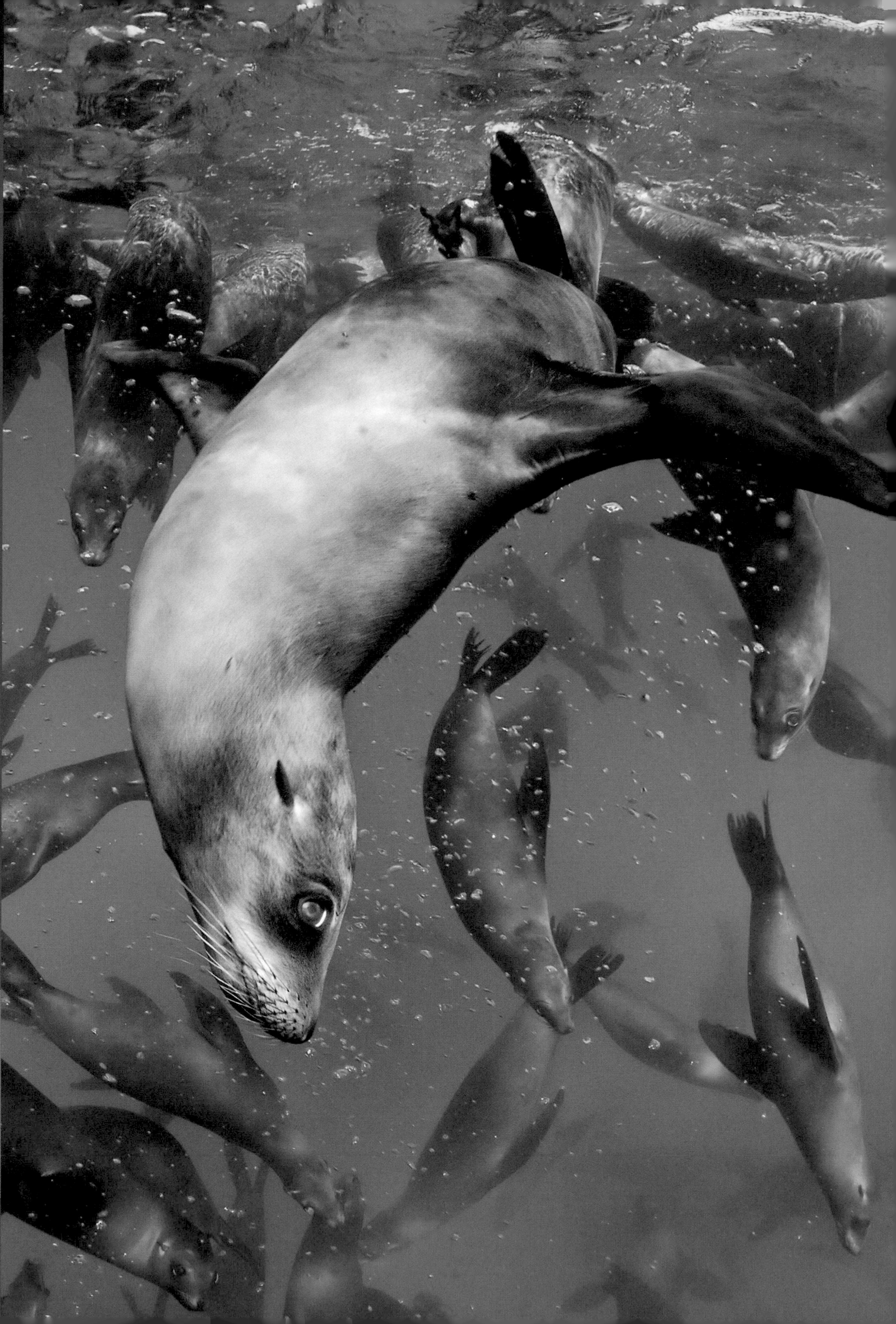

Los leones marinos nadan y cazan juntos. En grupo, pueden atrapar más peces. ¡A veces, los leones marinos pueden incluso dormir en el agua! Flotan sobre su espalda para dormir.

Los leones marinos pueden permanecer 20 minutos bajo el agua.

En California, a la gente le gusta observar a los leones marinos. Algunas personas van también a Sudamérica o a Australia para verlos. Otros leones marinos viven en zoológicos. Muchos leones marinos de los zoológicos aprenden a hacer trucos. ¡Es divertido ver a un león marino sostener una pelota con su nariz!

Los leones marinos de California están entrenados y comúnmente se los puede ver en espectáculos.

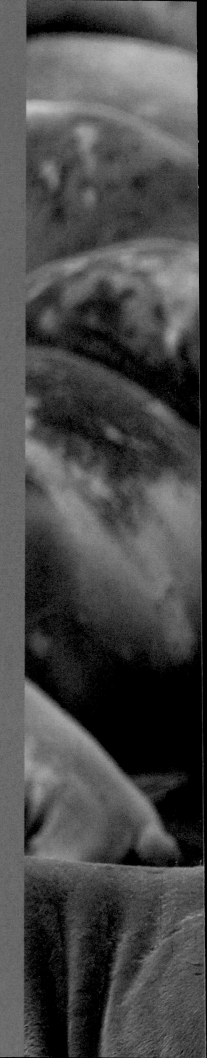

Un cuento del león marino

En Japón, los pescadores respetan a los leones marinos. ¿Por qué? Una vez, un pescador encontró un montón de abrigos de piel a la orilla del mar. Se llevó un abrigo a su casa. Cuando regresó a la orilla, allí estaba una mujer joven. Se casaron y vivieron felices para siempre. Un día, este hombre le dio el abrigo de piel a su esposa. Ella se lo puso, ¡y se convirtió en leona marina! Ella regresó al mar. Y el pescador le daba peces siempre que la veía.

Índice